EINFACH Weihnachtsrezepte

FESTTAGS-
KÜCHE MIT
2–6 ZUTATEN

EMF

EIN BUCH DER
EDITION MICHAEL FISCHER

KÖSTLICHE WEIHNACHTEN

Es ist jedes Jahr das Gleiche: Weihnachten kommt einfach zu schnell. Die „stille Zeit" wird meistens hektisch – und kurz vor den Feiertagen sammeln sich Fragen wie: „Was koche ich?", „Was kann ich vorbereiten bzw. schon im Vorfeld einkaufen?" und „Wie viele Familienangehörige und Freunde werden erwartet?".

Es ist wichtig, sich frühzeitig abzusprechen, wer wann wie einlädt und kocht – oder ob man gemeinsam zum Essen ausgeht und „nur" einmal an Weihnachten zu Hause Gäste bewirtet. Speziell die Weihnachtsfeiertage sollten Sie idealerweise (annähernd) strategisch planen, denn die Geschäfte haben dann geschlossen und viele Restaurants sind ausgebucht. Weihnachten zu Hause zu verbringen hat etwas Wohliges: Man verschanzt sich gern mit viel Zeit und Muße – und natürlich mit dem Wunsch, sich selbst und alle anderen, die kommen mögen, kulinarisch zu verwöhnen. Dabei muss es nicht Champagner & Kaviar geben. Im Mittelpunkt steht vielmehr, individuell ausgewählte Gerichte gemeinsam zu genießen – vielleicht Altbewährtes und Kindheitserinnerungen zu einem Weihnachtsritual in Form von Rinderrouladen & Co. zu zelebrieren. Daneben kann man Neues ausprobieren, Hauptgerichte halbieren und mit bisher ungewohnten Vor- und Nachspeisen als Drei-Gänge-Menü kredenzen.

In diesem Kochbüchlein sind Klassiker wie Kartoffelsalat mit Mayo, Gänsebraten, Rotkohl mit Äpfeln und Bratäpfel mit Zimtsahne ebenso vertreten wie kreative neue Ideen für Salate, Fingerfood und Desserts. Ein schöner Querschnitt durch die Küche! Zusätzlich finden Sie hilfreiche Tipps, etwa wie Sie ein zwei- oder dreigängiges Menü zusammenstellen können oder wie Sie die Vorarbeiten entspannt in den Griff bekommen.

Die Zubereitung des Weihnachtsessens wird diesmal ein Leichtes sein, weil Sie für jedes Rezept nur 2–6 Zutaten benötigen. Diese sind einzeln und als fertiges Gericht auf Fotos abgebildet.

Fröhliches Weihnachtskochen!

Rose Marie Donhauser

INHALT

GRUNDLAGEN

Einfach kochen

Die Rezepte in diesem Buch sind saisonal ausgerichtet (das bedeutet beispielsweise: keine Erdbeeren im Winter). Im Wesentlichen handelt es sich um typische Weihnachtsgerichte, die wärmen und wohltun, mit Zutaten, die im Winter erhältlich sind: ob nun vitaminreiche Zutaten wie Granatapfel, Fenchel, Orangen, Avocado & Co. oder ein bisschen mehr Soße wie bei dem Schweinebraten und den Rinderrouladen. Auch Kräuter und Gewürze wärmen nicht nur von innen, sondern erfreuen auch das Gemüt.

Sollten etwa beim Gänsebraten oder beim Backhähnchen die Mengen zu groß ausgefallen sein, können Sie das Rezept trotzdem zubereiten. Freuen Sie sich dann an den darauffolgenden Tagen über ein feudales Resteessen oder frieren Sie übrig gebliebenes Essen einfach portionsweise ein.

Einfach kochen bedeutet nicht nur, Zubereitungsschritte unkompliziert erklärt zu bekommen – Fotos leiten außerdem visuell beim Einkauf und bei der Zubereitung an. Vor allem Neulinge am Kochtopf wird dies freuen: Nicht nur fällt ihnen so der Start besonders leicht – sie erkennen auch, dass selbst professionelle Köche nur mit Wasser kochen.

Mittagessen, Abendessen oder Brunch?

Alle Rezepte in diesem Buch können zu Zwei- oder Drei-Gänge-Menüs mit Vorspeise, Hauptgericht und/oder Dessert kombiniert werden. Entsprechende Kombinationstipps finden Sie bei den Rezepten.

Wählen Sie etwa für einen Brunch, der an gemütlichen Feiertagen den ganzen Tag dauern kann, einfach ein Hauptgericht, dazu eventuell ein bis zwei Vorspeisen und als süßen Abschluss ein Dessert. Planen Sie außerdem großzügig frische Brötchen, Brotaufstriche und -beläge, Obst und Müsli oder Joghurt ein. Kaffee, Tee, Orangensaft (oder andere Softgetränke) sowie Sekt oder Champagner gehören zu einem perfekten Brunch dazu.

Planung und Einkauf

Damit die Feiertage stressfrei und genussvoll zelebriert werden können, sind Planung und Einkauf das A und O. Fast alle Zutaten für die Rezepte können bequem einige Tage vor den Weihnachtstagen eingekauft werden, da sie gut lagerfähig sind. Das gilt ebenso für Würstchen, Speck, Kartoffeln und Rotkohl wie für Milch oder Granatapfel. Fleisch und Fisch können Sie bei den Händlern Ihres Vertrauens entsprechend vorbestellen und punktgenau abholen. So ist schon ein großer Schritt zum entspannten Weihnachtskochen getan – im letzten Moment müssen Sie dann nur noch frische Salate zubereiten und sich um die Tischdeko kümmern.

Vorratshaltung

Auch in einer eher dürftig bestückten Küche sollten bestimmte Grundzutaten immer vorrätig sein. Dazu gehört ein kleines **Gewürzregal** mit Salz, Pfeffer, edelsüßem Paprikapulver, Rosenpaprika, Currypulver, Cayennepfeffer, Muskatnuss und Zimt sowie gerebeltem Oregano und Rosmarin.

Auch **Pflanzenöl** ist eine Basiszutat, die unbedingt in den Vorrat gehört. Gemeint ist damit ein geschmacklich neutrales und gleichzeitig hoch erhitzbares Pflanzenöl. Gute Beispiele sind Rapsöl und (raffiniertes) Sonnenblumenöl. Vorsicht: Kalt gepresste Öle – dazu gehören auch Bio-Sonnenblumenöl und natives Olivenöl extra – sind nicht geschmacksneutral und können in der Regel weniger stark erhitzt werden als ihr raffiniertes Gegenstück; sie eignen sich nicht zum scharfen Anbraten. Dennoch kann man die meisten Olivenöle, auch native, entgegen der allgemeinen Meinung zum schonenden (!) Anbraten verwenden. Wie stark sich ein Öl erhitzen lässt, hängt vom sogenannten Rauchpunkt ab: Wenn das Öl in der Pfanne beginnt zu rauchen, ist die Temperatur zu hoch und es entstehen Giftstoffe. Wenn in den Rezepten **Olivenöl** genannt ist, ist immer natives Olivenöl extra als Geschmacksträger gemeint.

Welches Handwerkszeug?

Für die Rezepte in diesem Buch benötigen Sie keine komplizierten Küchengeräte. Schneebesen, Pürierstab, Standmixer oder Handrührgerät sowie ein Haarsieb sind nicht nur zum Passieren von Brühen oder Soßen nützliche Küchenhelfer. Ein Spiralschneider oder als Ersatz ein Sparschäler, Backpapier, Alufolie und Klarsichtfolie sowie kleine Holzspießchen und lange Schaschlikspieße leisten ebenfalls gute Dienste. Zur Grundausstattung gehören außerdem ein Backblech, Pfannen, Töpfe, Schüsseln, Pfannenwender, Kochlöffel, Schneidebrettchen und scharfe Messer.

Backofentemperaturen

Bei Backofengerichten beziehen sich die Temperaturangaben auf Ober-/Unterhitze. Manchmal wird noch die Grillstufe zugeschaltet. Arbeiten Sie mit Umluft, dann stellen Sie die Temperatur um 20 °C niedriger ein. Meistens wird auf der mittleren Schiene gegart oder gebacken.

Portionsangaben

Bei allen Rezepten sind die Zutaten für 4 Personen angegeben. Bei großen Braten wie der Gans kann es sich lohnen, wegen der langen Zubereitungszeit die Mengen hochzurechnen, um mehrere Gäste zu bewirten oder mehr als einmal davon zu essen.

„Wir warten aufs Christkind": Maroni

Die Stunden vor der Bescherung vergehen besonders langsam. Oftmals schwirren Familie und Freunde neugierig um die Küche herum. Stellen Sie für diese Naschkatzen heiße Maroni bereit. Dafür etwa 250 g frische Esskastanien auf der gewölbten Seite kreuz und quer ein-, aber nicht durchschneiden. Auf ein mit Wasser gespültes Backblech geben und im vorgeheizten Backofen bei 220 °C (Ober-/Unterhitze) auf der mittlere Schiene backen. Sobald sich die Schale nach oben wölbt – nach etwa 20–25 Minuten – herausnehmen.

TIPP

Als Hauptgericht passt **Bratwurst in Zwiebel-Bier-Soße** *(S. 42) – lassen Sie dann die Würstchen in der Kartoffelsuppe weg.* **Bratäpfel mit Zimtsahne** *(S. 58) schmecken als Dessert wunderbar.*

1 

2 

3 

4 

5 

6 

4 *Personen* | **10 MIN** *Zubereitung* | *Pflanzenöl, Salz, Pfeffer*

KARTOFFELSUPPE
mit Würstchen

1 *Zwiebel*
50 g *Räucherspeck*
¼ Bund *Suppengemüse*
400 g *festkochende Kartoffeln*
1 l *Gemüsebrühe*
6–8 *Wiener Würstchen (Frankfurter)*

Die **Zwiebel** schälen und fein würfeln. Den **Räucherspeck** in kleine Würfel schneiden. Das **Suppengemüse** waschen, teils schälen und klein schneiden. Die **Kartoffeln** waschen, schälen und in kleine Stücke schneiden.

In einem Topf 2 Esslöffel **Pflanzenöl** erhitzen, **Zwiebel-** und **Speckwürfel** darin kurz andünsten. Das **Suppengemüse** und die **Kartoffeln** hinzufügen, mit **Salz** und **Pfeffer** würzen und mit der **Gemüsebrühe** aufkochen. Bei niedriger Hitze in etwa 30 Minuten gar kochen und mit einem Stabmixer pürieren.

Die **Würstchen** in dicke Scheiben schneiden und in der Suppe erwärmen.

1

2

3

4

5

4 *Personen* | **20 MIN** *Zubereitung* | *Salz, Olivenöl, Pfeffer, Cayennepfeffer*

KALTE ERBSENSUPPE
mit Flusskrebsen

500 g *TK-Erbsen*
½ kleines Bund *Dill*
500 ml *Gemüsebrühe*
200 g *Joghurt*
200 g *geschälte Flusskrebse*

Die tiefgekühlten **Erbsen** in kochendem **Salzwasser** etwa 2 Minuten garen. In ein Sieb abgießen, mit kaltem Wasser abschrecken und abtropfen lassen. Den **Dill** waschen und trocken schütteln, die **Dillspitzen** fein hacken.

Die **Erbsen** mit **Gemüsebrühe**, 2 Esslöffel **Olivenöl** und **Joghurt** im Standmixer pürieren. Mit **Salz**, **Pfeffer** und **Cayennepfeffer** würzen. Den **Dill** unterrühren. Die **Flusskrebse** auf vier Portionsschalen verteilen und mit der kalten Erbsensuppe begießen.

VARIANTE

Den Joghurt können Sie nach Geschmack durch saure Sahne oder Buttermilch ersetzen.

TIPP

Den Teig mit gehackter Petersilie verfeinern oder vor dem Servieren die Suppe damit bestreuen.

1 

2 

3 

4 

4 *Personen* | **30 MIN** *Zubereitung* | *Salz, Pflanzenöl*

Pfannkuchen-
SUPPE

100 g *Mehl*

100 ml *Milch*

2 *Eier*

1 l *Fleischbrühe*

Das **Mehl** mit der **Milch**, den **Eiern** und 1 Prise **Salz** mit den Quirlen des Handrührgeräts glatt rühren.

Aus dem Teig 4 Pfannkuchen backen. Dafür jeweils etwas **Pflanzenöl** in einer Pfanne erhitzen, ein Viertel von dem Teig dazugeben und auf beiden Seiten backen.

Die Pfannkuchen in dünne Streifen schneiden und auf vier Suppenteller verteilen. Die **Fleischbrühe** erhitzen und darübergießen.

VARIANTE

Statt mit Fleischbrühe können Sie die Suppe natürlich auch mit Gemüsebrühe zubereiten.

TIPP

Servieren Sie davor die ***Pfannkuchensuppe*** *(S. 12) und danach das* ***Backhähnchen mit Petersilie*** *(S. 54).*

1

2

3

4

5
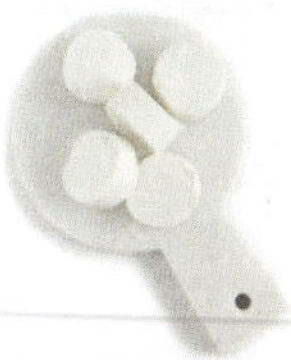
6

4 *Personen* | **30 MIN** *Zubereitung* | *Salz, Pfeffer, Zimt, Cayennepfeffer, Olivenöl*

FELDSALAT MIT SPECK
und Ziegenkäse

2 EL *gemischte Trockenfrüchte (Aprikosen, Datteln, Feigen)*

Saft von **2 kleinen** *Orangen*

1 EL *Weißweinessig*

200 g *Feldsalat*

1 Rolle *Ziegenkäse (200 g)*

8 hauchdünne Scheiben *Räucherspeck*

Für das Dressing die **Trockenfrüchte** sehr klein schneiden; die Hälfte mit 100 ml heißem Wasser übergießen und 10 Minuten darin ziehen lassen. Den **Orangensaft** zugeben und alles mit einem Stabmixer pürieren. Mit **Salz, Pfeffer, Zimt** und **Cayennepfeffer** würzen. 2 Esslöffel **Olivenöl, Weißweinessig** und die restlichen **Trockenfrüchte** unterrühren.

Den Backofen auf 200 °C mit Grillstufe vorheizen, ein Backblech mit Backpapier auslegen. Den **Feldsalat** waschen und gründlich abtropfen lassen.

Ziegenkäse in 8 Scheiben schneiden, mit je 1 Scheibe Räucherspeck umwickeln, auf das Blech legen, leicht pfeffern und im Ofen 5–6 Minuten grillen.

Feldsalat und Dressing (etwas zurückbehalten) locker vermengen, auf Teller verteilen. **Ziegenkäsescheiben** auf dem Salat anrichten, mit Dressing beträufeln.

TIPP

*Dazu passen die **Fleischröllchen mit Kräutern** (S. 36) als Fingerfood sehr gut. Nach Geschmack die Grissini dann ohne Schinken reichen.*

1

2

3

4

5

6

4 *Personen* | **25 MIN** *Zubereitung* | *Olivenöl, Salz, Pfeffer*

ORANGEN-FENCHEL-SALAT
mit Schinken-Grissini

2 mittelgroße *süßsaftige Orangen*

2 mittelgroße *Fenchelknollen*

1 kleines Bund *Petersilie*

1 EL *Sherryessig*

8 *Grissini*

8 hauchdünne *Scheiben luftgetrockneter Schinken (Parma oder San Daniele)*

Die **Orangen** so schälen, dass auch die weiße Haut entfernt wird. Aus den Fruchtsegmenten mit einem scharfen Messer Filets herauslösen; das restliche Fruchtfleisch mit der Hand auspressen.

Die **Fenchelknollen** waschen, vierteln, vom Strunk befreien und in dünne Streifen schneiden.

Die **Petersilie** waschen, trocken schütteln, die Blättchen abzupfen und grob hacken. **Orangenfilets** und **-saft** mit **Fenchelstreifen** und **Petersilie** vermengen. Mit **Sherryessig**, **Olivenöl**, **Salz** und **Pfeffer** würzen.

Die Salatmischung auf vier Teller verteilen. Um jede **Grissini** 1 **Schinkenscheibe** wickeln. Auf jeden Salatteller zwei **Schinken-Grissini** anrichten.

TIPP

Dieser unkomplizierte Kartoffelsalat wird in vielen Familien am Heiligen Abend serviert.

1

2

3

4

5

6

4 *Personen* | **20 MIN** *Zubereitung* | *Salz, Pfeffer*

KARTOFFELSALAT *mit Mayo*

1 kg *vorwiegend festkochende Kartoffeln*
4 *Eier*
1 *Zwiebel*
200 g *Gewürzgurken (im Glas, mit Wasser)*
½ kleines Bund *Petersilie*
100 g *Mayonnaise*

Die **Kartoffeln** waschen und in kochendem **Salzwasser** je nach Größe in etwa 30 Minuten garen.

Inzwischen die **Eier** in etwa 10 Minuten hart kochen, dann pellen und im Eierschneider einmal längs und einmal quer schneiden. Die gegarten **Kartoffeln** abgießen, ausdampfen lassen, pellen und in Scheiben schneiden.

Die **Zwiebel** schälen und würfeln. Die **Gewürzgurken** ebenfalls klein würfeln. Die **Petersilie** waschen, trocken schütteln und fein hacken.

Für das Dressing die **Mayonnaise** mit 1 Esslöffel **Gurkenwasser** verrühren, mit **Salz** und **Pfeffer** würzen. **Kartoffeln, Eier, Zwiebel** und **Gurken** untermischen. Mit der **Petersilie** garnieren.

TIPP

Der Rotkohl ist eine typische Beilage zum ***Klassischen Gänsebraten*** *(S. 52).*

1 

2 

3 

4 

5 

6 

4 *Personen* | **45 MIN** *Zubereitung* | *Salz, Pfeffer*

ROTKOHL *mit Äpfeln*

1 *Rotkohl*
1 große *Zwiebel*
2 *Äpfel*
1 EL *Butter*
1 EL *Rotweinessig*
500 ml *Gemüsebrühe*

Den **Rotkohl** putzen, vierteln, vom Strunk befreien, waschen und in Streifen hobeln. Die **Zwiebel** schälen und in Ringe schneiden, diese halbieren. Die **Äpfel** schälen, vierteln, entkernen und würfeln.

Die **Butter** in einem breiten Topf erhitzen. **Zwiebel, Äpfel** und **Rotkohl** darin kurz andünsten. Mit **Salz** und **Pfeffer** würzen. **Essig** und **Gemüsebrühe** dazugießen und aufkochen. Den Deckel auflegen und den **Rotkohl** in etwa 30 Minuten garen.

TIPP

Servieren Sie die Klöße zu den ***Rinderrouladen*** *(S. 40), zum* ***Schweinebraten*** *(S. 48) oder zum* ***Klassischen Gänsebraten*** *(S. 52).*

1

2

3

4 *Personen* | **1 STD** *Zubereitung* | *Salz*

Grundrezept KARTOFFELKLÖSSE

1 kg *mehligkochende Kartoffeln*

80 g *Speisestärke*

2 *Eigelb*

Die **Kartoffeln** waschen und in kochendem **Salzwasser** je nach Größe in etwa 30 Minuten garen.

Die **Kartoffeln** abgießen und ausdampfen lassen, pellen und durch eine Kartoffelpresse drücken. Mit 1 Teelöffel **Salz** würzen. Mit der **Speisestärke** und den **Eigelben** zu einem glatten Teig verkneten.

Aus dem Teig mit feuchten Händen 8 große oder 12 kleine **Klöße** formen und in leicht siedendem **Salzwasser** 10–12 Minuten garen. Die **Klöße** herausnehmen und abtropfen lassen.

TIPP

Servieren Sie vor dem Putensalat – oder der Variante mit Garnelen (siehe unten) – die ***Kalte Erbsensuppe mit Flusskrebsen*** *(S. 10).*

1

2

3

4

5

6

4 Personen | **30 MIN** *Zubereitung* | *Olivenöl, Salz, Pfeffer, Pflanzenöl*

PUTENSALAT
mit Granatapfel

150 g *Feldsalat*
100 g *Cherrytomaten*
1 kleiner *Granatapfel*
1 EL *Honig*
4 EL *Aceto balsamico*
400 g *Putenschnitzel*

Den **Feldsalat** verlesen, gründlich waschen und abtropfen lassen. Die **Kirschtomaten** waschen und je nach Größe halbieren oder vierteln.

Den **Granatapfel** aufbrechen oder durchschneiden und die Kerne herauslösen. Aus **Honig, Balsamicoessig** und 5 Esslöffel **Olivenöl** ein Dressing anrühren. Mit **Salz** und **Pfeffer** würzen.

Die **Putenschnitzel** in dünne Streifen schneiden und mit **Salz** und **Pfeffer** würzen. 2 Esslöffel **Pflanzenöl** in einer Pfanne erhitzen und darin die **Fleischstreifen** von allen Seiten 3–4 Minuten kräftig braten.

Salat und **Tomaten** mit dem Dressing vermengen und auf vier Teller verteilen. **Putenstreifen** darauf anrichten, **Granatapfelkerne** darüberstreuen.

VARIANTE

Ersetzen Sie das Putenfleisch durch Garnelen.

TIPP

Nach dieser Vorspeise schmeckt der ***Klassische Gänsebraten*** *(S. 52) sehr gut. Servieren Sie als krönenden Abschluss* ***Beschwipste Beeren im Glas*** *(S. 60).*

1 

2 

3 

4 

5 

4 *Personen* | **20 MIN** *Zubereitung* | *Olivenöl, Salz, Pfeffer*

LACHS-CARPACCIO
mit Avocado

2 *Frühlingszwiebeln*
2 *Zitronen*
1 *reife Avocado*
400 g *frisches Lachsfilet*
1 EL *Kapern*

Die **Frühlingszwiebeln** putzen und sehr fein würfeln. 1 **Zitrone** so schälen, dass auch die weiße Haut entfernt wird, und in kleine Würfel schneiden. Die zweite **Zitrone** auspressen.

Die **Avocado** schälen und den Kern entfernen. Das Fruchtfleisch mit **Zitronensaft** und 4 Esslöffel **Olivenöl** mit einem Stabmixer pürieren. Mit **Salz** und **Pfeffer** würzen, die **Frühlingszwiebelwürfel** unterziehen.

Das **Lachsfilet** mit einem sehr scharfen Messer in hauchdünne Scheiben schneiden und breitflächig auf vier Tellern anrichten.

Jeden **Lachsteller** löffelweise mit etwas **Avocadosoße** überziehen. Mit den **Kapern** und den **Zitronenstückchen** garnieren.

TIPP

Das Sauerkraut passt zur ***Bratwurst in Zwiebel-Bier-Soße*** *(S. 42) oder zu Kassler mit Kartoffelbrei.*

1

2

3

4

5

4 *Personen* | **40 MIN** *Zubereitung* | *Pflanzenöl, Salz, Pfeffer*

SAUERKRAUT *mit Wacholderbeeren*

1 *Zwiebel*
750 g *rohes Sauerkraut*
500 ml *Fleischbrühe*
½ TL *ganze Kümmelsamen*
1 TL *Wacholderbeeren*

Die **Zwiebel** schälen, in Ringe schneiden und diese halbieren. 1 Esslöffel **Pflanzenöl** in einem Topf erhitzen, die **Zwiebel** darin glasig dünsten. Das **Sauerkraut** dazugeben, mit der **Fleischbrühe** übergießen und das Ganze aufkochen. Mit **Salz, Pfeffer, Kümmel** und **Wacholderbeeren** würzen.

Den Deckel aufsetzen und das **Sauerkraut** bei mittlerer Hitze etwa 30 Minuten garen.

TIPP

Der Rosenkohl schmeckt als Beilage zum **Klassischen Gänsebraten** *(S. 52).*

4 *Personen* | **30 MIN** *Zubereitung* | *Salz, Pfeffer, Muskatnuss*

ROSENKOHL
mit Speck und Mandeln

1 

2 

3 

4 

5 

1 kg *Rosenkohl*

100 g *Räucherspeck*

1 *Zwiebel*

1 EL *Butter*

2 EL *Mandelblättchen*

Den **Rosenkohl** putzen, waschen, die Strünke kreuzweise einschneiden. In kochendes **Salzwasser** geben und in etwa 10 Minuten garen. Abgießen und abtropfen lassen.

Den **Speck** sehr fein würfeln. Die **Zwiebel** schälen und fein würfeln. Beides in der **Butter** andünsten und die **Rosenkohlröschen** darin schwenken. Mit **Salz, Pfeffer** und frisch geriebener **Muskatnuss** würzen.

In einer beschichteten Pfanne ohne Fett die **Mandelblättchen** in 2 Minuten goldbraun rösten. Vor dem Servieren über den **Rosenkohl** geben.

TIPP

Vorsicht, Wasabi ist sehr scharf! Alternativ können Sie milden Sahnemeerrettich verwenden. Dazu ***Backhähnchen mit Petersilie*** *(S. 54) und als Dessert* ***Beschwipste Beeren im Glas*** *(S. 60) servieren.*

1 

2 

3 

4 

5 

4 *Personen* | **40 MIN** *Zubereitung* | *Salz, Pfeffer*

RUCOLA-WASABI-STAMPF
mit gebeiztem Lachs

800 g *mehligkochende Kartoffeln*

100 g *Rucola*

250 g *gebeizte Lachsscheiben*

2 EL *zerlassene Butter*

1 kleine Tube *Wasabi (japanischer Meerrettich)*

Die **Kartoffeln** waschen, schälen und in gleich große Stücke schneiden. In kaltem Wasser mit 1 kräftigen Prise **Salz** zum Kochen bringen. Die **Kartoffeln** je nach Größe in etwa 25 Minuten fertig garen.

Inzwischen den **Rucola** putzen, dicke Stängel entfernen, den **Rucola** waschen und quer in 1 cm große Stücke schneiden. Die **Lachsscheiben** auf einer Servierplatte auslegen.

Die **Kartoffeln** abgießen und grob zerstampfen. Mit **Butter** und etwas **Wasabi** locker vermischen. Zuletzt den **Rucola** untermengen.

Den **Stampf** auf vier große Teller verteilen und mit schwarzem **Pfeffer** übermahlen.

TIPP

Servieren Sie dazu gemischten Salat. Anschließend gibt es ***Kartoffelsalat mit Mayo*** *(S. 18) und Bratwurst oder* ***Kartoffelsuppe mit Würstchen*** *(S. 8).*

1 

2 

3 

4 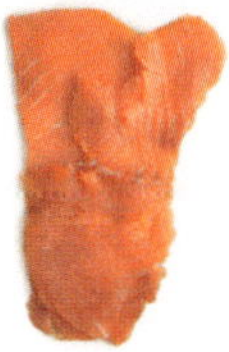

4 *Personen* | **20 MIN** *Zubereitung* **1 STD** *Kühlzeit* | *Frischhaltefolie, Holzspießchen*

LACHSSCHNECKCHEN
im Tortillamantel

4 *Tortillas (Fertigprodukt)*

100 g *Sahnemeerrettich*

1 Bund *Dill*

200 g *Räucherlachs, in dünnen Scheiben*

Die **Tortillas** auf einer Arbeitsfläche auslegen, gleichmäßig mit **Sahnemeerrettich** bestreichen. Vom **Dill** einige Spitzen für die Garnitur beiseitelegen, den Rest hacken und die **Tortillas** damit bestreuen. Die **Räucherlachsscheiben** darauf auslegen. Jede **Tortilla** fest aufrollen, einzeln in Frischhaltefolie packen und etwa 1 Stunde in den Kühlschrank legen.

Vor dem Servieren die Lachs-Tortilla-Rollen schräg in etwa 2 cm lange Stücke schneiden und diese mit einem Holzspießchen fixieren. Die Lachsschneckchen mit den Schnittflächen nach unten auf einer Vorlegeplatte anrichten.

VARIANTE

Probieren Sie statt der Tortillas frisch zubereitete Pfannkuchen. Füllen Sie sie zur Abwechslung mit Avocadocreme und klein gewürfelten Tomaten.

TIPP

Die mundgerechten Stücke auf jungem Spinat oder Feldsalat anrichten. Oder den **Orangen-Fenchel-Salat** *(S. 16; ohne Schinken) dazu reichen.*

1 

2 

3 

4 

4 *Personen* | **35 MIN** *Zubereitung* | *Olivenöl, Salz, Pfeffer; Holzspießchen*

FLEISCHRÖLLCHEN
mit Kräutern

1 kleines Bund *gemischte Kräuter*

2 *Zwiebeln*

4 *dünne Kalbsschnitzel (à ca. 180 g)*

2 EL *mittelscharfer Senf*

Die **Kräuter** waschen, trocken schütteln und fein hacken. Die **Zwiebeln** schälen und fein würfeln. Beides mit 5 Esslöffel **Olivenöl** verrühren. Die **Kalbsschnitzel** mit **Salz** und **Pfeffer** würzen und mit **Senf** bestreichen. Mit etwas Kräuteröl überziehen. Die **Schnitzel** aufrollen, mit Holzspießchen fixieren und mit dem restlichem Kräuteröl beträufeln.

Die Kalbfleischröllchen in einer heißen beschichteten Pfanne auf allen Seiten kräftig anbraten, dann bei niedriger Hitze in 6–8 Minuten fertig braten. Die Fleischröllchen herausnehmen und schräg in Scheiben schneiden.

TIPP

Die Siebe für dieses Fondue erhalten Sie im Asia-Laden. Am Ende die Brühe in Portionsschüsseln mit je 1 Eigelb und 1 Schuss Reiswein verrühren und trinken. Dazu gibt es Reis und Krupuk (Krabbenbrot).

1 

2 

3 

4 

5 

6 

4 *Personen* | **30 MIN** *Zubereitung*

ASIA-FONDUE
mit Fleisch und Garnelen

100 g *Glasnudeln*
300 g *Hähnchenbrustfilet*
300 g *Rinderfilet (oder Schweinefilet)*
200 g *geschälte Garnelen*
½ Kopf *Chinakohl*
1,5 l *Misobrühe*

Die **Glasnudeln** in eine Schüssel legen, mit kochendem Wasser übergießen und knapp 5 Minuten quellen lassen. Die **Hähnchenbrust** sowie das **Filet** in gleichmäßig schmale Streifen schneiden. Die **Garnelen** waschen und trocken tupfen.

Fleisch und **Garnelen** getrennt anrichten. **Chinakohl** in Blätter zerteilen, diese waschen, trocken schleudern und in etwa 1 cm breite Streifen schneiden. Die **Glasnudeln** abgießen, gründlich abtropfen lassen und auf dem Tisch bereitstellen.

Die **Misobrühe** in einem Fonduetopf aufkochen und auf einem Rechaud auf den Tisch stellen.

TIPP

Zu den Rinderrouladen passt der ***Rosenkohl mit Speck und Mandeln*** *(S. 30) wunderbar.*

1 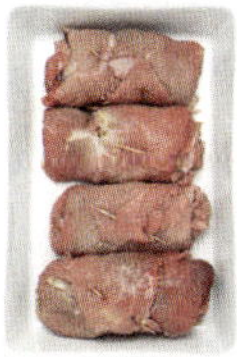

2 

3 

4 

5 

4 *Personen* | **30 MIN** *Zubereitung* **1 STD** *Garzeit* | *Salz, Pfeffer, Pflanzenöl*

RINDERROULADEN
mit Soße

4 *küchenfertige Rinderrouladen (gefüllt)*

½ Bund *Suppengemüse*

100 g *Räucherspeck*

1 EL *Tomatenmark*

500 ml *Fleischbrühe*

Backofen auf 180 °C (Ober-/Unterhitze) vorheizen.

Die **Rouladen** mit **Salz** und **Pfeffer** würzen. Das **Suppengemüse** waschen, putzen und klein schneiden. Den **Speck** würfeln.

In einem Bräter 2 Esslöffel **Pflanzenöl** erhitzen, die **Rouladen** darin anbraten, dann herausnehmen. **Speck** und **Gemüse** im Bräter einige Minuten braten. **Tomatenmark** dazugeben und leicht anrösten, die **Brühe** dazugießen. Alles mit **Salz** und **Pfeffer** würzen.

Die **Rouladen** in den Bräter legen und zugedeckt im vorgeheizten Ofen 1 Stunde garen. Die Soße pürieren, durchsieben und zu den **Rouladen** servieren.

TIPP

Zu dieser Bratwurst den **Kartoffelsalat mit Mayo** *(S. 18) servieren. Auch* **Kartoffelklöße** *(S. 22) schmecken wunderbar dazu.*

1 

2 

3 

4 *Personen* | **30 MIN** *Zubereitung* | *Pflanzenöl, Salz, Pfeffer*

BRATWURST
in Zwiebel-Bier-Soße

4 *rohe Bratwürste*

1 große *Zwiebel*

500 ml *helles Bier*

Die **Bratwürste** mehrmals einstechen und mit kochend heißem Wasser übergießen (damit sie später nicht platzen), dann abtropfen lassen und mit Küchenpapier trocken tupfen.

Die **Zwiebel** schälen und in Ringe schneiden, diese halbieren. 4 Esslöffel **Pflanzenöl** in der Pfanne erhitzen, die **Zwiebelstreifen** darin glasig dünsten. Die **Bratwürste** dazugeben, von allen Seiten anbraten.

Das **Bier** zugießen und alles offen bei mittlerer Hitze etwa 10 Minuten einkochen lassen. Mit **Salz** und **Pfeffer** würzen.

TIPP

Dazu passt ein Kartoffelgratin. Servieren Sie als Vorspeise **Lachsschneckchen im Tortillamantel** *(S. 34); zum Dessert schmecken* **Bratäpfel mit Zimtsahne** *(S. 58).*

1

2

3

4

5

4 *Personen* | **25 MIN** *Zubereitung* | *Salz, Pfeffer, Rosmarin, Pflanzenöl; Alufolie*

LAMMLACHSE
in Feigen-Portwein

2 *Schalotten*

4 *getrocknete Feigen*

4 *Lammlachse (à ca. 150 g)*

100 ml *Portwein*

200 ml *Bratensoße*

Die **Schalotten** schälen und fein würfeln. Die **Feigen** sehr klein schneiden.

Die **Lammlachse** von allen Seiten mit **Salz, Pfeffer** und **Rosmarin** würzen. 3 Esslöffel **Pflanzenöl** in einer großen Pfanne erhitzen und darin die **Lammlachse** von allen Seiten 2–3 Minuten braten. Herausnehmen und zum Nachziehen in Alufolie hüllen.

Im Bratensatz **Schalottenwürfel** und **Feigenstücke** unter Rühren 1 Minute andünsten; mit **Portwein** ablöschen und mit **Bratensoße** aufgießen. Bei mittlerer Hitze einige Minuten reduzieren lassen.

Lammlachse aus der Alufolie nehmen und schräg in dünne Scheiben schneiden; den entstandenen Bratensaft in die Pfanne einrühren. Abschmecken.

VARIANTE

Würzen Sie die Soße mit eingelegtem grünem Pfeffer.

TIPP

Zu den Rehmedaillons schmeckt der ***Rosenkohl mit Speck und Mandeln*** *(S. 30).*

1 

2 

3 

4 

5 

4 *Personen* | **25 MIN** *Zubereitung* | *Salz, Pfeffer; Alufolie*

REHMEDAILLONS
mit Rotweinsoße

800 g *ausgelöster Rehrücken*
1 TL *zerstoßene Senfkörner*
2 EL *Gin (Wacholderschnaps)*
200 ml *Rotwein*
200 ml *Wildfond*

Backofen auf 100 °C (Ober-/Unterhitze) vorheizen. Ein Backblech mit Alufolie auslegen.

Den **Rehrücken** waschen und trocken tupfen. Mit einem scharfen Messer in 4 **Medaillons** schneiden, diese mit **Salz** und **Pfeffer** würzen; die **Senfkörner** über das **Fleisch** streuen und etwas andrücken. In einer Pfanne 2 Esslöffel **Pflanzenöl** erhitzen und darin die **Fleischstücke** auf jeder Seite kräftig anbraten. Herausnehmen, auf die Alufolie legen und im Ofen etwa 12 Minuten sanft gar ziehen lassen.

Den Bratensatz mit **Gin** ablöschen, den **Rotwein** zugießen und alles auf die Hälfte einkochen lassen. Mit dem **Wildfond** aufgießen und einige Minuten leise köcheln lassen. Die **Medaillons** aus der Folie nehmen, den entstandenen Bratensaft in die Rotweinsoße einrühren.

TIPP

Servieren Sie dazu ***Kartoffelklöße*** *(S. 22) und als Nachtisch die* ***Bratäpfel mit Zimtsahne*** *(S. 58) .*

1

4 *Personen*

30 MIN *Zubereitung*
1 STD 15 MIN *Garzeit*

Salz, Pfeffer, Pflanzenöl

2

SCHWEINEBRATEN
mit Biersoße

3

1 kg *Schweinebraten ohne Knochen*
½ TL *ganze Kümmelsamen*
1 *Knoblauchzehe*
500 ml *dunkles Bier*
500 ml *Fleischbrühe*

4

5

Backofen auf 180 °C (Ober-/Unterhitze) vorheizen.

Das **Fleisch** mit **Salz, Pfeffer** und **Kümmel** würzen. Den **Knoblauch** schälen, durch eine Presse drücken und das **Fleisch** damit einreiben.

2 Esslöffel **Pflanzenöl** in einem Bräter erhitzen und das **Fleisch** darin rundherum anbraten. Im vorgeheizten Ofen offen 1 Stunde 15 Minuten braten. Dabei den Braten mehrmals wenden, immer wieder **Bier** und **Brühe** seitlich angießen.

Den **Schweinebraten** vor dem Anschneiden etwa 10 Minuten ruhen lassen. Die Soße durchsieben und den **Braten** damit beträufeln.

TIPP

Zum Zander schmeckt der ***Rucola-Wasabi-Stampf*** *(S. 32), allerdings dann ohne gebeizten Lachs. Davor die* ***Pfannkuchensuppe*** *(S. 12) und zum Dessert die* ***Sahnige Schokomousse*** *(S. 56) servieren.*

4 *Personen* | **35 MIN** *Zubereitung* | *Salz, Pfeffer; Alufolie*

ZANDER UND GEMÜSE
aus der Folie

1 

2 

3 

4 

5 

1 große *Möhre*

1 kleine *Zucchini*

½ kleines Bund *Petersilie*

50 g *zimmerwarme Kräuterbutter*

4 *Zanderfilets (à ca. 200 g; oder Lachs)*

Backofen auf 200 °C (Ober-/Unterhitze) vorheizen.

Das **Gemüse** waschen und putzen, die **Möhre** schälen und wie die **Zucchini** in streichholzartige Stifte schneiden. Die **Petersilie** waschen, die Blättchen abzupfen und grob hacken.

4 große Blätter Alufolie mit **Kräuterbutter** bestreichen, die Hälfte **Gemüse** und **Petersilie** darauf verteilen. Die **Fischfilets** mit **Salz** und **Pfeffer** würzen, daraufsetzen und mit dem restlichen **Gemüse** sowie der **Petersilie** belegen. Die übrige **Kräuterbutter** darauf verteilen.

Die Alufolie zu Päckchen verschließen und auf ein Backblech setzen. Das Fischgemüse im vorgeheizten Ofen etwa 25 Minuten garen.

Zum Gänsebraten passen **Kartoffelklöße** *(S. 22) und* **Rotkohl mit Äpfeln** *(S. 20) ausgezeichnet.*

1 

2 

3 

4 

5 

4 *Personen* | **30 MIN** *Zubereitung* **2 STD 30 MIN** *Garzeit* | *Salz, Pfeffer*

Klassischer GÄNSEBRATEN

1 *küchenfertige Gans (ca. 4 kg)*
5 *säuerliche Äpfel (z.B. Boskop)*
1 kleines Bund *Beifuß*
2 *Zwiebeln*
1 EL *Speisestärke*

Backofen auf 180 °C (Ober-/Unterhitze) vorheizen.

Die **Gans** mit **Salz** und **Pfeffer** würzen. Die **Äpfel** vierteln und entkernen, mit dem **Beifuß** in den Bauchraum der **Gans** geben. Die **Gans** mit der Brust nach oben in einen Bräter legen und 250 ml Wasser angießen. Im vorgeheizten Ofen auf der untersten Schiene 2 Stunden 30 Minuten braten.

Inzwischen die **Zwiebeln** schälen, in Ringe schneiden und diese halbieren. Nach 1 Stunde Garzeit mit weiteren 250 ml Wasser zur **Gans** geben.

20 Minuten vor Ende der Garzeit die Grillstufe einstellen, damit auch die Haut der **Gans** bräunt.

Die gegarte **Gans** herausnehmen. Auf dem Herd den Bratenfond im Bräter mit 500 ml Wasser aufkochen. Die **Speisestärke** mit 2 Esslöffel kaltem Wasser anrühren, dann in den Bratenfond einrühren, um ihn zu binden.

1 

2 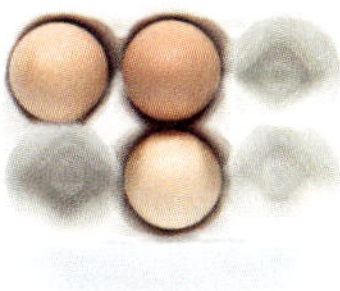

3 

4 

5 

6 

4 *Personen* | **40 MIN** *Zubereitung* | *Salz, Pfeffer*

BACKHÄHNCHEN
mit Petersilie

1 *küchenfertiges Freiland-Hähnchen*
3 *Eier*
100 g *Mehl*
150 g *Semmelbrösel*
1 kleines Bund *Petersilie*
500 ml *Pflanzenöl*

Das **Hähnchen** waschen und trocken tupfen. Die Keulen abschneiden und das **Hähnchen** halbieren. Die Hälften nochmals quer halbieren, mit **Salz** und **Pfeffer** würzen.

Die **Eier** auf einem Teller mit etwas Wasser verquirlen. **Mehl** und **Semmelbrösel** separat auf zwei weitere Tellern geben. Die **Hähnchenteile** nacheinander im **Mehl** wenden, durch die **Eier** ziehen und zuletzt in den **Semmelbröseln** wenden. Die **Petersilie** waschen, trocken schütteln und die Stiele kürzen.

In einer Pfanne das **Öl** erhitzen, die **Hähnchenteile** darin in 15 Minuten ausbacken. Auf Küchenpapier entfetten. Die **Petersilie** kurz frittieren und ebenfalls entfetten. Sofort servieren.

TIPP

Die Mousse können Sie nach Belieben mit etwas Zucker süßen.

1 

2 

4 *Personen* | **25 MIN** *Zubereitung* **2 STD** *Kühlzeit*

Sahnige SCHOKOMOUSSE

200 g *Edelbitterschokolade*

300 g *Sahne*

Die **Schokolade** in Stücke brechen und in einer Metallschüssel über einem heißen Wasserbad unter Rühren schmelzen. Dann die Schüssel vom Wasserbad nehmen.

Die **Sahne** mit den Quirlen des Handrührgeräts steif schlagen und unter die geschmolzene **Schokolade** rühren. Die Mousse in vier Dessertgläser füllen und etwa 2 Stunden in den Kühlschrank stellen.

VARIANTE

Die Schokomousse mit frischer Minze oder frischen Früchten wie Erdbeeren, Mango- oder Papayastückchen garnieren.

TIPP

Bratäpfel schmecken an kalten Wintertagen auch wunderbar zum Nachmittagskaffee.

1

2

3

4

5

4 *Personen* | **30 MIN** *Zubereitung* | *Zimt*

BRATÄPFEL
mit Zimtsahne

150 g *Dominosteine*
4 *Äpfel*
200 g *Sahne*
1 EL *Zucker*
4 Kugeln *Vanilleeis*

Backofen auf 200 °C (Ober-/Unterhitze) vorheizen, ein Backblech mit Backpapier auslegen.

Die **Dominosteine** bis auf 4 Stück klein schneiden. Die **Äpfel** waschen und mit einem Apfelausstecher oder einem scharfen Messer großzügig vom Kerngehäuse befreien. Mit den zerkleinerten **Dominosteinen** füllen und auf das Backblech setzen.

Die Bratäpfel im vorgeheizten Ofen 20 Minuten backen. Inzwischen die **Sahne** mit **Zucker** und ½ Teelöffel **Zimt** steif schlagen. Die Bratäpfel aus dem Ofen nehmen, mit je 1 Kugel **Vanilleeis**, 1 **Dominostein** und 1 Klecks **Zimtsahne** anrichten und heiß servieren.

TIPP

Bestäuben Sie das Dessert vor dem Servieren mit Puderzucker oder zu gleichen Teilen mit Puderzucker und Kakaopulver. Wenn Kinder mitessen, den Likör durch Johannisbeersaft ersetzen.

1

4 *Personen* | **30 MIN** *Zubereitung* **2 STD** *Kühlzeit*

2

BESCHWIPSTE BEEREN *im Glas*

3

500 g *gemischte TK-Beeren*

1 Päckchen *Vanillepuddingpulver*

500 ml *Milch*

1 EL *Zucker (oder nach Geschmack)*

100 g *Löffelbiskuits*

4–6 EL *Johannisbeerlikör (z.B. Cassis)*

4

Die **Beeren** auftauen lassen. Das **Vanillepuddingpulver** nach Packungsangabe mit **Milch** und **Zucker** glatt rühren. Die restliche **Milch** aufkochen, das angerührte **Puddingpulver** einrühren und unter ständigem Rühren zu Pudding kochen. Den Topf vom Herd ziehen.

5

Die **Löffelbiskuits** für vier Dessertgläser zurechtschneiden. Eine Schicht **Löffelbiskuits** in die Gläser geben und mit etwas **Likör** beträufeln. Einen Teil der **Beeren** darauf verteilen, diese mit **Pudding** bedecken. So fortfahren, bis alles aufgebraucht ist. Mit **Pudding** abschließen.

6

Die vier Gläser mindestens 2 Stunden in den Kühlschrank stellen.

REGISTER

ÜBER DIE AUTORIN

Rose Marie Donhauser arbeitet seit 1988 als Food- und Reisejournalistin, Restauranttesterin und Kochbuchautorin. Viele ihrer Bücher erhielten Auszeichnungen, wie z. B. Silbermedaillen der Gastronomischen Akademie Deutschlands, Goldene Lorbeeren aus der Schweiz oder den Gourmand World Cookbook Award. Die gelernte Köchin, die in Berlin lebt, ist dem Genuss immer auf der Spur. Unterwegs auf Gourmetreisen in der ganzen Welt holt sie sich Anregungen und setzt die Ideen in Rezeptentwicklungen um.

www.donhauser-essklasse.de

ÜBER DIE FOTOGRAFIN

Foodie, Frühaufsteher und Fotografin aus Leidenschaft – diese Begriffe beschreiben Sabrina Sue Daniels wohl am besten. Nach ihrem Archäologiestudium fand sie über Umwege zur Fotografie und absolvierte erfolgreich eine Ausbildung. In ihrem Foodblog www.sabrinasue.de, den sie seit 2013 betreibt, verführt sie ihre Leser mit üppig inszenierten Fotos, leuchtenden Farben und kreativen Rezepten regelmäßig zum gesunden Schlemmen.

IMPRESSUM

Bibliografische Information der Deutschen Bibliothek.

Die Deutsche Bibliothek verzeichnet diese Publikation in der deutschen Nationalbibliografie.

Detaillierte bibliografische Daten sind im Internet über http://www.dnb.de/ abrufbar.

Die im Buch veröffentlichten Aussagen und Ratschläge wurden von Verfasserin und Verlag sorgfältig erarbeitet und geprüft. Eine Garantie für das Gelingen kann jedoch nicht übernommen werden, ebenso ist die Haftung des Verfassers bzw. des Verlags und seiner Beauftragten für Personen-, Sach- und Vermögensschäden ausgeschlossen.

EIN BUCH DER EDITION MICHAEL FISCHER

3. Auflage 2020

Covergestaltung: Michaela Zander, Yvonne Witzan

Layout: Silvia Keller, Yvonne Witzan

Satz: Christiane Manz

Redaktion und Lektorat: Christiane Manz

Produktmanagement: Natascha Mössbauer

Fotos: Sabrina Sue Daniels, Frankfurt; außer: S. 11/35 (Dill), S. 17 (Parmaschinken), S. 17 (Fenchel), S. 25 (Cherrytomaten), S. 27 (Avocados), S. 39 (Hähnchenbrustfilet) von Guido Schmelich, Holzkirchen

ISBN 978-3-96093-146-1

Gedruckt bei Polygraf Print, Čapajevova 44, 08001 Prešov, Slowakei

www.emf-verlag.de